VEDICA

PAR M. V. HENRY

—◆—

2ᵉ SÉRIE

5. R. V. I. 191.	7. Sómo ná
6. Çúna àntráni pece	8. Çípre
9. Jaganvắn	

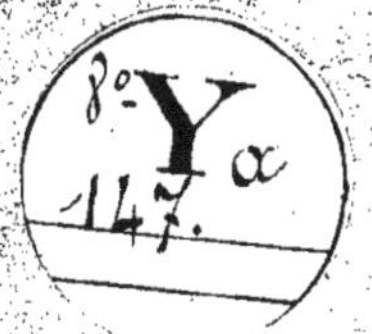

(Extrait des Mémoires de la Société de linguistique de Paris, tome IX)

PARIS

IMPRIMERIE NATIONALE

—

ÉMILE BOUILLON, ÉDITEUR, RUE RICHELIEU, 67

—

M DCCC XCVI

VEDICA

PAR M. V. HENRY

2ᵉ SÉRIE

5. R. V. Î. 191.	7. Sómo ná
6. Çúna ântráni pece	8. Çípre
9. Jaganván	

(*Extrait des Mémoires de la Société de linguistique de Paris, tome IX*)

PARIS

IMPRIMERIE NATIONALE

ÉMILE BOUILLON, ÉDITEUR, RUE RICHELIEU, 67

M DCCC XCVI

VEDICA.

(2ᵉ SÉRIE.)

5. R. V. I. 191.

L'hymne bizarre qui clôt le livre Iᵉʳ du Rig-Véda est dans ce
recueil un morceau unique : non que les formules magiques et
les incantations populaires lui soient entièrement étrangères ;
mais elles affectent en général une forme plus relevée et ne
s'abaissent nulle part à un objet aussi infime que la destruction
de la vermine. L'Atharva-Véda, au contraire, plus rapproché par
ses origines des humbles nécessités de la vie quotidienne, nous a
conservé un bon nombre de conjurations contre les insectes nuisibles, et peut-être sa phraséologie accoutumée éclairera-t-elle
celle de notre hymne, d'autant plus obscure que le texte mal
compris et sans usage a dû subir de fortes corruptions. Mais,
avant de passer à l'analyse du détail, il ne paraîtra point déplacé
de résumer en quelques idées claires l'ensemble des données
confuses dont pouvait se composer la « science » des conjurateurs védiques au sujet des organismes inférieurs et de leur rela-
tion avec le reste de l'univers. On y reconnaîtra, à y regarder
de près, quatre thèmes de folk-lore, qui presque partout s'entre-
croisent et se confondent.

A (mythique) : « le soleil et les êtres invisibles ». Les invisibles, ce sont à l'origine les ténèbres de la nuit : personnifiés,
ce sont des démons qui rendent tout invisible et le sont eux-
mêmes. Quand le soleil apparaît, son action sur eux peut être
envisagée sous deux aspects : ou bien il les éclaire de ses rayons,
les rend visibles, et alors ceux-ci épouvantés s'enfuient, regagnent
leurs trous, se terrent jusqu'au soir ; ou bien il les perce de ses
flèches, les brûle de ses feux, les anéantit jusqu'au dernier. C'est
pourquoi on prie le Dieu lumineux, — essentiellement Agni souvent associé à Indra, — tantôt de « manifester » le démon, le sor-
cier, le conjurateur impie [1], — car c'est déjà avoir barre sur lui

---

[1] Cf. A. V. I. 7, I. 8, etc.

que de le connaître pour rompre ses maléfices, — tantôt de le consumer, de le transpercer, de le tuer, lui et toute sa postérité[1].

B (légendaire). Il y a d'autres «invisibles» que les ténèbres, les incubes et les cauchemars : il y a les reptiles et les gros insectes, rarement visibles, toujours tapis au fond d'une retraite d'où leur morsure nous guette ; il y a la vermine plus menue qu'à peine les yeux découvrent ; enfin il y a sans doute la masse des infiniment petits ou invisibles qui causent la fièvre, la consomption, la mort, ou dévorent le cadavre. Or, contre la première au moins de ces sortes d'ennemis, l'homme a un auxiliaire précieux, les oiseaux carnassiers ou insectivores. D'autre part, «le soleil est un oiseau», un grand aigle qui plane au sommet du ciel : d'où cette conséquence que c'est à titre d'oiseau qu'il menace sans cesse la création impure et invisible, serpents[2], scorpions, mouches, vers et microbes. Ceci à la lettre, à ce point que, si les découvertes récentes de l'action meurtrière de la lumière solaire sur les micro-organismes venaient à la connaissance de quelque fervent du brahmanisme, il ne pourrait manquer d'y voir une éclatante confirmation par la science moderne de l'éternelle infaillibilité des Védas. De tueur des êtres nocturnes, le soleil devient donc «tueur de monstres» tout court, plus particulièrement de cette engeance infime que l'œil ni la main de l'homme ne saurait atteindre, et les oiseaux auxquels on voit dévolu le même office pourront au besoin intervenir, à titre de substituts ou de symboles, pour l'assister dans son œuvre bienfaisante.

C (déductif). Qui peut détruire la cause en peut annuler l'effet : le soleil sera donc le guérisseur par excellence. Ce thème, si largement développé dans la mythologie grecque (Apollon, Esculape, Machaon), est relativement rare dans les parties proprement religieuses des Védas, où le rôle de Dieu guérisseur est dévolu à Rudra, d'ailleurs lui aussi, par certains côtés, personnalité solaire. Il n'en est que plus intéressant à retrouver çà et là dans les fragments qui confinent au folk-lore ou en relèvent.

D (inductif). Il est reconnu par la pratique que certaines plantes, en application ou en infusion, exercent une action salutaire contre les maladies et surtout contre les morsures venimeuses : en utilisant ces propriétés, on ne manquera donc point de les rapporter à l'être céleste qui seul les possède en réalité et

---

[1] Cf. R. V. X. 87 = A. V. VIII. 3, R. V. VII. 104 = A. V. VIII. 4, etc.
[2] Il est superflu de rappeler le mythe de Garuḍa.

de qui seul elles les peuvent tenir par voie de délégation ou plutôt de descendance.

Tels sont les concepts élémentaires, familiers à quiconque a tant soit peu pratiqué l'Atharva-Véda, que nous devons nous attendre à retrouver, mais plus ou moins déguisés sous le verbiage usuel et sous l'altération du texte, à la base de la composition qui nous occupe, et qui peut-être nous aideront à la restituer sous une forme relativement intelligible.

1. La première stance est tout à fait désespérée. Sàyaṇa lui-même n'y entend rien; ou, s'il l'entend, au moins ne se fait-il pas entendre. La corruption saute aux yeux, ne fût-ce que dans le premier pâda, trop court d'une syllabe : il faut, ainsi que je l'ai dit ailleurs [1], lire *kaṅkato ná ca kaṅkato*, ou, si on le préfère, afin de maintenir la riche assonance avec le deuxième, caractère spécifique de ces formules charlatanesques, *kaṅkato ha ná kaṅkato*. Peu importe, au surplus, pour le sens, qui se déduira d'une façon assez satisfaisante de la considération de l'ensemble, pourvu qu'on se décide à s'affranchir de la tyrannie du scoliaste.

a. Le mot *kaṅkata* n'a nulle part et jamais un autre sens que celui de «peigne». Le plus récent lexique publié ne porte, lui aussi, que *kaṅkataḥ keçamārjanam* [2]. Si donc Sàyaṇa imagine celui d'«insecte nuisible», on voit trop d'où il l'a tiré : il a substitué le sens général de la pièce à l'acception technique du mot. Il se peut bien, d'ailleurs, qu'un annelé muni de crocs ou d'appendices de locomotion ait été métaphoriquement désigné sous le nom de «peigne»; mais c'est pour nous une raison de plus de ne pas effacer la métaphore qui fait tout le piquant de cette formule amphigourique. Nous traduirons donc à la lettre : «C'est un peigne et ce n'est pas un peigne.» Le conjurateur s'expliquera plus bas [3].

b. Le mot *satīnákaṅkata* ne se lit qu'en cet endroit, et, indépendamment de cette considération qui déjà le rend suspect, la simple symétrie avec le pâda *a* inviterait à restituer en fin de vers les deux mots *ná kaṅkataḥ*. On commence ainsi à entrevoir un sens possible : «Et le *satín* non plus n'est pas un peigne.» Mais le *satín*, qu'est-ce à dire? La correction d'*s* en *ç* n'est pas si rare ni si exorbitante qu'on doive se l'interdire en pareille occurrence; et, si *çatí* n'est pas, lui non plus, un nom d'insecte à notre

---

[1] *A. V.*, VII, p. 82 (sous l'hymne VII. 56).

[2] *Uṇādigaṇasūtra* de Hémacandra (Kirste), 207.

[3] Peut-être ce vers n'est-il que le débris d'une devinette populaire passée en proverbe : «Quel est le peigne qui ne peut pas servir à peigner? — Un scorpion, un mille-pieds, etc.» .

connaissance, du moins signifie-t-il « centuple » ou « qui possède cent (pieds, crocs, articulations, etc.) », signalement qui cadre à merveille avec la donnée d'un insecte nuisible assez semblable à un peigne pour qu'on soit obligé d'avertir qu'il n'en est pas un. Supposons que le mot *çatín* serve, dans la pensée de notre conjurateur, à désigner quelque myriapode : au prix de deux accents en plus et d'un insignifiant changement de lettre [1], nous aurons obtenu une idée qui s'enchaîne avec la précédente, soit « et la scolopendre non plus n'est pas un peigne ».

Si la restitution proposée n'a rien de choquant, encore est-il moins aisé de comprendre comment un texte aussi clair a pu finir par s'agglutiner en un long mot, et comment on en est venu à imaginer pour ce mot la singulière glose « hydre (peigne d'eau) ». Toutefois, si *çatí* n'était guère, comme je le pense, qu'une métaphore due à la fantaisie isolée d'un conjurateur, rien ne le protégeait contre une faute très courante de prononciation, ni à plus forte raison l'incompréhensible **satí* contre la réunion sous un seul accent avec *ná kánkataḥ*. Une fois créé ce mot d'une toise, on s'ingénia à lui faire un sort; il le fallut bien, et les commentateurs védiques ne s'embarrassent point pour si peu. On y découvrait le mot *sát*, « bon, réel », dont on n'avait que faire comme épithète du *kánkata* lui-même, visiblement une mauvaise bête : on pensa donc à son habitat, à l'eau qui est la bonté par excellence, et ainsi naquit la glose *satīnam ity udakanāma*, que Sâyaṇa nous a pieusement transmise.

c. Ce qui rend extrêmement vraisemblable l'interprétation de la demi-stance telle à peu près que je la conjecture, c'est qu'on ne saurait concevoir un meilleur préambule à la formule très claire et catégorique qui la suit. Pourquoi, en effet, le conjurateur insisterait-il par deux fois (*íti*) sur ce que les êtres dont il s'agit sont deux (*duaú*), deux races d'insectes (*plúṣī*), si les phrases précédentes n'avaient impliqué dans sa pensée une amphibologie possible sur le nombre et la nature des objets qu'il visait. — « Ils sont deux » dis-je (« si je parlais d'un *kánkata*, d'un peigne, cela ne ferait qu'un seul objet »). « C'est de la vermine », dis-je, (« et non point un peigne, comme le nom vous le ferait croire »). — Tel est, si je ne me trompe, le sens intime de cet épiphonème, étrange si l'on veut, mais non pas plus étrange que maint autre spécimen du langage des sorciers conservé par l'Atharva-Véda ou par un manuel quelconque de magie plus moderne. L'énigme ne commence que si la phrase est détachée du contexte qui l'explique et la prépare.

---

[1] *átho çatí ná kánkataḥ.*

d. « Les invisibles se sont évanouis », refrain répété en 4 et 3 (var.), application des thèmes A et B.

2. « Elle tue les invisibles en arrivant, et elle les tue en s'en allant, et elle les tue en les précipitant vers le bas, et elle les broie en les broyant. » Ou encore : « Celle qui vient les tue, et celle qui s'en va les tue, et celle qui expulse les tue, et celle qui broie les broie. »

A peu près sans difficulté. Sâyana nous apprend qu'il s'agit de la plante magique ; et en effet la mention du va-et-vient pourrait bien être une vague allusion aux frictions et aux simagrées auxquelles se livrent les conjurateurs sur le patient mordu par un serpent, en même temps que l'expression *avaghnatî* rappellerait que leur procédé curatif est censé consister à faire partir le venin « par le bas » (par la plante du pied)[1]. Mais, à y regarder de plus près, il est difficile de ne pas reconnaître une importance encore plus grande et un double sens aux mots *âyati* et *parâyati*, si couramment employés pour décrire les faits et gestes d'une autre entité féminine, l'Aurore[2]. C'est l'aurore, en effet, qui, en arrivant, et à plus forte raison en disparaissant (dans les rayons du soleil), tue les invisibles (les monstres nocturnes), et nous avons ici incontestablement le thème D, mais avec rappel en sourdine du thème A.

3. Ici l'obscurité s'épand de plus belle : nous avons une énumération de plantes, au nominatif pluriel, parmi lesquelles se glisse, au même cas, le mot *adṛṣṭâ*, et tout cela semble régir le verbe final qui signifie « se sont évanouis ». Comme il est difficile de supposer que les plantes soient des « invisibles » et qu'on adjure les plantes de s'évanouir, on se tire d'affaire en admettant que ces termes botaniques ne sont point ici des substantifs, mais des adjectifs, et signifient respectivement « [les insectes parasites] qui vivent sur le çara, le darbha, etc. ». Cet expédient ne laisse pas de soulever quelques graves objections. — 1° Sans nier l'opportunité pratique d'exorciser la vermine qui ronge les végétaux utiles, on doit constater que pas une autre stance de l'hymne n'en évoque l'idée : il n'y est question, d'un bout à l'autre, que des parasites ou ennemis de l'homme ou du bétail ; et, si l'on objecte que le morceau est fait de pièces rapportées, encore n'est-il pas mauvais que ces pièces se raccordent tant bien que mal. Or la stance précédente appelle évidemment comme suite la mention de plantes curatives, et non celle de cultures à dé-

---

[1] Cf. *A. V.*, X-XII, p. 61 (sur X. 4. 24).
[2] Cf. R. V. I. 113. 8, etc.

fendre des insectes. — 2° Si telle était l'intention du rédacteur, il devait, sans difficulté, la formuler ainsi : *çaréṣu kúçareṣu yé darbhéṣu sairiéṣu vā*... le reste pouvant demeurer tel quel. — 3° En effet, le sens « parasites du muñja » va très bien pour *mauñjás* (et *vairiṇás*), qui est sûrement un adjectif ; mais, en supposant qu'on recule devant la facile correction *múñjās*, il y a encore, ce semble, une moindre objection grammaticale à traduire *mauñjás* par « touffes de muñja », qu'à faire, pour les besoins de la cause, des substantifs *çará*, *darbhá*, des adjectifs signifiant « issus du çara, du darbha », alors qu'une règle élémentaire exigerait la vṛddhi de la première syllabe. — 4° Il y a une choquante contradiction à prendre ici pour réceptacles du parasitisme les végétaux dont précisément nous savons d'autre part qu'ils constituent la défense la plus énergique de l'homme contre la vermine et son venin : ainsi, je l'ai déjà dit [1], *darbhéṣu* A. V. X. 4. 13 ne peut signifier « gîté sous le darbha », puisqu'un peu plus haut (st. 2) « le darbha est brûlure » pour le serpent ou sa morsure ; le kuça, — voir plus bas, — plante sacrée de même nature et substitut fréquent du darbha, doit participer à ses propriétés ; le çara et le muñja figurent ailleurs comme plantes curatives, A. V. I. 2-3 et Kauç.-S. 25. 6. — Par toutes ces raisons, il paraît indiqué de corriger *adṛṣṭā* en *adṛṣṭān* acc., et de suppléer, comme régi par les noms de plantes, le verbe que suggèrent à la fois leurs propriétés connues et la teneur de la stance 2, soit *ghnanti*, *piṃsanti*, etc. : « les plantes tuent les invisibles, et tous ensemble ils se sont évanouis. »

Notre nomenclature comprend, dès lors, six végétaux, dont trois nous sont déjà connus pour leurs effets salutaires. Les *sairyás* « issus de la charrue » ne peuvent être que « l'orge et le riz », si fréquemment invoqués dans la conjuration des maléfices, cf. A. V. VIII. 7. 20, XI. 6. 15, etc. Restent le vairiṇa, dérivation de *vīriṇa* (andropogon muricatus P. W.), et le kuçara, inconnu, dont on ne sait trop que dire ; mais il manque une syllabe au pâda *a*, et on la lui rétablit en lisant *kuçáçarāso* altéré par haplographie. Le kuçaçara peut fort bien être une variété ou un autre nom du kuça, plante bien connue. Soit donc, au total, en dédoublant les *sairyás*, sept plantes curatives, ici désignées par leurs noms masculins, mais qui, sous leur incarnation féminine en tant qu'*óṣadhīs*, doivent bien correspondre aux « sept vierges sœurs » de la stance 14. Au lecteur de juger si la cohésion ainsi obtenue du début à la fin de l'hymne est purement artificielle.

---

[1] Cf. *A. V.*, X-XII, p. 59. — Je profite de l'occasion pour confesser le contresens qu'un lapsus de lecture m'a fait commettre sur la stance 2 du même hymne : c'est de la fibre de roseau (*paruṣásya*) qu'on applique sur la plaie.

Que si pourtant l'on répugne aux remaniements suggérés, et si l'on tient, en dépit de l'usage et sur la foi de Sâyaṇa, à accepter *çará* et similaires pour des adjectifs, il y a encore un moyen de concilier la lettre même du texte avec l'impérieux postulat de bon sens qui exige que les plantes interviennent ici en tant que préservatifs et remèdes. Après tout, *mauñjá* et *vairiṇá* ne signifient autre chose que « relatif au *múñja*, au *vîriṇa* », par conséquent, si l'on veut, « qui en est sujet, qui en dépend, qui rentre dans le ressort de ces plantes »; bref, les *mauñjá adṛṣṭās* peuvent être « les invisibles que détruit le muñja », et ainsi du reste. On traduira alors littéralement les « invisibles que tue le çara... tous se sont évanouis », et l'on rentrera encore dans la donnée du thème D.

Le dernier pâda contient une faute de métrique védique, d'ailleurs fréquente dans la versification des bas temps, et il n'y aurait pas même lieu de la relever, si en général notre texte ne proscrivait rigoureusement la synizèse d'*i* final et voyelle initiale. Il est d'ailleurs bien aisé de la faire disparaître en lisant *ní lipsata*, forme qu'un arrière-scrupule grammatical a surchargée de l'augment à une époque postérieure où la synizèse, devenue de règle, ne gênait plus personne.

4 = A. V. VI. 52. 2 var. (cf. 1 = 9 iufra). La traduction va de soi de part et d'autre, à cela près que le pâda *c* suppose ici probablement l'ellipse de *alipsata* (« les lumières se sont éteintes »), tandis que dans l'A. V., c'est plutôt *avikṣata* qu'il convient de sous-entendre[1]. Quant au fond, il est étrange, à première vue, que les invisibles soient censés s'évanouir alors que tout dort, c'est-à-dire au moment même où ils règnent seuls sur l'univers; mais il faut ici faire abstraction du thème A (démons nocturnes) et ne songer qu'aux invisibles de la seconde catégorie. Les insectes, qui peut-être voltigeaient ou rampaient à la brune (infra 5), ont gagné leurs repaires, et c'est pour cela qu'hommes et bêtes peuvent goûter la paix du sommeil.

5. — *a b* (*práti dṛçran?*) : « les voilà qui se sont montrés, à la brune, comme des voleurs ». C'est alors que s'élèvent, dans les vapeurs du soir, les essaims de moustiques. — *c d* (*c* = 6 *c*) : il manque une syllabe, dont la restitution serait aisée, mais arbitraire. On ne voit pas au juste pourquoi Roth et Grassmann s'accordent à repousser pour *viçvádṛṣṭa* le sens « qui voit tout », donné par

---

[1] On pourrait se demander à quel propos « les flots des rivières cessent de couler »; mais ce n'est pas le texte de l'A. V. que nous avons en vue. Il y faut voir sans doute un simple cliché descriptif du calme de la nature endormie.

Sâyaṇa (*viçvaṃ dṛṣṭaṃ yais*), et s'en tiennent à «vu de tous».
L'un et l'autre à la fois conviennent à la forme du mot et à ses
emplois. Plus bas, en 8 *b* et 9 *d*, le soleil est sûrement l'être
«vu de tous»; mais c'est sûrement aussi parce qu'il «voit tous les
êtres» qu'il peut «tuer les invisibles». En somme, tout tend à
faire soupçonner que ce mot à double entente a été employé par
un raffinement calculé d'expression et qu'il faudrait pouvoir lui
assigner sa double valeur. Ici, mis au vocatif, on le traduirait
difficilement par «ô vus de tous» : c'est bien plutôt un hom-
mage à la vue perçante des invisibles; mais en même temps il
prépare en quelque sorte le revirement marqué par *prátibuddhās*,
et, autant qu'il est licite d'insister sur un calembour, on interpré-
terait volontiers : «Ô invisibles qui voyez tout, [tout le monde
aussi vous voit et] vous êtes devenus visibles.» Sur la semi-défaite
encourue par l'invisible qui se laisse voir, on se reportera à l'une
des données accessoires du thème A.

6. — Les deux demi-stances s'adressent respectivement aux
plantes curatives[1] et aux insectes nuisibles. — *a*. Généalogie des
plantes, cf. A. V. VIII. 7. 2, etc. Une syllabe en trop, mais *vaḥ*
n'est pas indispensable. — *b*. Sôma-plante est naturellement le
roi ou le frère [aîné] des plantes; mais la mention du ciel et de
la terre ne va pas sans un rappel lointain de Sôma-lune. Quant
à Aditi, sœur des plantes, c'est pur verbiage. — *c* = 5 *c* var. —
d. Adjuration qui devrait précéder le résultat constaté en 4 *d*.

7. — On exècre les invisibles, un à un, suivant leur habitat
et leur signalement : — *a*. ceux qui se fixent sur les membres, sur
le tronc (les épaules) de l'homme; — *b*. les *sūcíkās*, «aiguilles»,
c'est-à-dire ceux qui sont pourvus d'une trompe acérée, comme
les moustiques; les *prakaṅkatās* sont moins faciles à identifier;
cependant, si *káṅkata* veut dire «peigne», si *pradakṣiṇá* et *pra-
mukha* impliquent «le côté droit du corps» ou «le visage tourné
vers l'avant», etc., on voit que *prakaṅkatá*[2] revient à «tournant
son peigne en avant»; il s'agit d'un insecte qui attaque avec l'ap-
pendice en forme de peigne dont la nature l'a armé, cf. supra 1;
— *c*. *kíṃ canehá vaḥ*, «n'importe quoi de vous»; — *d* = 3 *d* var.;
ní jasyata, «succombez!».

8-9. — On décrit l'effet que produit sur les invisibles le soleil qui s'élève à l'orient (thème A), l'oiseau céleste qui prend son

[1] Croirait-on que Sâyaṇa les applique toutes deux aux «serpents»? Car, à
partir de 5, c'est de serpents qu'il a affaire, et son commentaire devient à peu
près sans valeur. Voit-on le sôma frère des serpents?
[2] Remarquer l'accentuation, et cf. *dákṣiṇa : pradakṣiṇá*.

essor (thème B). Sur *viçvádṛṣṭa*, voir sous 5. Au lieu de *víçväni*, on lirait volontiers *viṣáṇi*, dont Sây. suppose l'ellipse. La scansion *jū̆ruan* est assez surprenante et dénonce un raffinement d'archaïsme. Le sens du mot est vague, mais ne fait point doute : il s'agit de « détruire en masse toutes choses [nuisibles] » ou de « détruire quantité de venins » ; cf. la suite [1].

10. — *a b*. Ici apparaît enfin le thème C, l'évocation du soleil guérisseur, mais accompagnée d'une image déconcertante dans sa plate et concise vulgarité, exactement « j'attache le venin au soleil, [comme une] outre dans la maison du liquoriste ». Que peut-on bien tirer de là ? Sâyaṇa comprend que, de même qu'il est licite de suspendre une outre chez le liquoriste, ce n'est pas un péché de faire passer le venin dans le soleil. Il y a quelque chose de cela, sans doute, et même le principe essentiel de la physique védique justifie la comparaison latente du soleil fabricant de poisons avec le liquoriste désigné au commentaire par *surānirmātar* ; car, puisque les sucs venimeux existent comme les salutaires dans la nature, il faut bien que le Dieu solaire ait également distillé les uns et les autres [2]. Mais la comparaison est plus implicite et la pensée plus enveloppée que la glose ne le ferait supposer ; car on ne lit aucune particule signifiant « comme », et en traduction rigoureuse c'est le venin actuellement conjuré qui doit être pour le soleil une outre chez le liquoriste : il y a beaucoup d'outres chez le liquoriste, une de plus ou de moins ne fait rien à l'affaire ; et de même, il y a quantité de poison dans le soleil depuis le temps qu'il en absorbe, car c'est là son office, une dose de plus ou de moins n'y changera rien, il en a vu bien d'autres, et par conséquent (*c*) il n'en mourra pas... Telle me paraît incontestablement la suite des idées.

c d e f. Séquence de petites phrases de prose hachée et cadencée, qui est tout à fait dans le ton ordinaire des conjurations magiques et se répète en refrain de 11 à 13. — « Il n'en mourra pas », c'est entendu. — « Ni nous non plus », puisqu'il nous aura guéris : « nous » désignant le patient. — « Le conducteur des chevaux bais [a écarté] » ou « [puisse-t-il écarter] au loin l'attelage de celui-ci » : très énigmatique dans sa concision apprêtée. Le verbe manque, mais ne peut être autre que le suggère *āré* [3]. La mention de l'attelage du Soleil ou d'Indra appelle allégoriquement celle du char de l'ennemi qu'il combat : or cet ennemi,

---

[1] 8 = A. V. V. 23. 6 var. ; 9 = A. V. VI. 52. 1 var. (respectivement 1re et 2e demi-stance).

[2] Cf. Henry, *A. V.*, X-XII, p. 61.

[3] Il n'y a même plus d'ellipse si l'on fait remonter *cakāra* du pada *f*, comme le propose fort sensément Sâyaṇa.

ici, c'est « l'invisible » ou « le venin », ou tous deux ; et voilà par quel abus de métaphores le venin se trouve pourvu d'un attelage. — « La [plante] douce t'a changé en douceur. », cf. A. V. VII. 56. 2 et V. 15. L'adjuration s'adresse au venin [1] : la douce est presque sûrement le çara (canne à sucre), dont l'application doit métamorphoser en douce liqueur le suc venimeux absorbé par la plaie ; cf. les stances 3 et 14.

11. — *a b.* Pour l'expression, la tournure et le rythme sautillant, rapprocher la jolie stance A. V. X. 4. 14. Le diminutif *iyattaká* est formé comme lat. *tantulus.* Il s'agit des petits insectivores, et le conjurateur feint de traiter la morsure par le mépris : comment craindre un poison que les oisillons mêmes absorbent sans façon en dévorant celui qui le porte ?

12. — *a b.* La fin est irrémédiablement fausse : peut-être *viṣapúṣpam ajïghasan*, d'abord glosé, puis remplacé par *viṣásya púṣyam akṣan.* On démêle l'intention générale : « trois fois sept petits viṣpuliṅgas ont dévoré la floraison (la fleur, l'essence) du venin ». Mais pourquoi « trois fois sept » ? n'est-ce qu'un nombre consacré et conventionnel ? Et qui sont ces vingt et un ? des « jets de flamme » ou des « passereaux » ? Sâyaṇa nous laisse le choix, et il est probable que l'une et l'autre interprétation se réclame d'une tradition autorisée. La seconde s'accommoderait mieux du contexte et du rôle assigné en 11 à l'oisillon ; mais la première est nettement étymologique (« projetant des étincelles »), et présente l'incontestable avantage de nous ramener sur le terrain des faits par l'allusion qu'elle implique à une médication réelle dont les Védas offrent d'autres indices [2]. Il est difficile de croire que les sorciers guérisseurs n'aient pas connu le procédé de cautérisation de la morsure par application d'un tison, d'un fer rouge ou de langues de feu : sept langues de feu, appliquées trois fois chacune, sont donc censées dévorer l'essence active du venin ; et, comme d'autre part l'on vient de constater que les oiseaux dévorent le poison, comme aussi rien ne semble plus naturel que de comparer les flammes vives et frétillantes à des oisillons alertes [3], les deux métaphores se fondent en une seule, toujours dominée sans doute par les données fondamentales des thèmes A et C ; car, si c'est à leur nature solaire que les plantes (thème D) doivent leur vertu curative, à plus forte raison cela doit-il être vrai des flammes, visibles émanations du soleil. Plus bas (14 *a*), où

[1] En suppléant *viṣa* avant ou après *tvä*, on obtient un pàda de triṣṭubh.
[2] Cf. A. V. X. 4. 26.
[3] R. V. V. 1. 1. = A. V. XIII. 2. 46, etc.

nous retrouvons encore des oiseaux en même nombre et même distribution que nos viṣpuliṅgakas, il semble que l'éclair rapide et chatoyant des aigrettes des paons avides à picorer leur proie représente à merveille le frétillement des langues de feu occupées à dévorer le poison. Ainsi, malgré le laconisme de l'expression, les deux allégories se confirment et se complètent l'une l'autre, et il ne semble pas douteux que nous n'ayons ici, comme d'ailleurs dans la plupart des pièces de même genre, l'indication d'un traitement médical réel, accompagné de cérémonies et de paroles magiques qui en exaltent et en accentuent la puissance [1].

13. — *a b.* Les finales des génitifs sont à prononcer en diérèse. La stance n'est qu'un verbiage insignifiant : les « nonante-neuf femelles qui détruisent le poison » peuvent être les rivières (Sây.), mais aussi les plantes salutaires, ou même des femelles d'oiseaux insectivores. Au fond, tout cela revient au même.

14. — *a.* Manque une syllabe, mais le vers se termine parfaitement par *mayūríah.* Les « femelles du paon » apparaissent ailleurs encore (A. V. VII. 56. 7), non pas, il est vrai, comme « emportant le venin », mais comme « déchirant la bête venimeuse » : nous avons vu que l'une et l'autre fonction relève du même principe. D'autre part, le plumage du paon en fait un excellent symbole de l'oiseau solaire (thème B); et enfin le nombre des paonnes concorde avec celui des langues de feu mentionnées en 12. — *b.* Sur l'identité probable des « sept vierges sœurs » et des sept plantes curatives, voir la stance 3. — *c d.* Le reste est sans difficulté.

15. — *a b.* Il est bien difficile de comprendre pourquoi Grassmann et M. Zimmer [2] contestent à Sâyaṇa le sens de « ichneumon » (*nakulá*) qu'il attribue à *kuṣumbhaká.* La structure de la proposition, sans doute, n'est pas d'une limpidité parfaite ; mais, telle qu'ils la traduisent, elle ne s'explique pas le moins du monde ; car, si le kuṣumbhaka était l'animal venimeux que la pierre dût fendre, la syntaxe et la logique exigeraient *iyattakám kuṣumbhakám* au même cas que *takám.* Tout indique que *taká* seul désigne la vermine et que le kuṣumbhaka joue un tout autre rôle,

---

[1] Ou bien les *viṣpuliṅgás* seraient-ils des pointes de métal rougies à blanc, ce qui s'accorderait également bien avec l'étymologie « lançant des étincelles » et avec leur représentation comme de fins becs d'oiseaux venant becqueter le venin dans la plaie? On voit que les diverses hypothèses que suggèrent les termes de notre morceau se meuvent, somme toute, dans un cercle très étroit de vraisemblances.

[2] *R. V.*, II, p. 462; *Altindisches Leben*, p. 99.

un rôle bienfaisant et auxiliaire de l'homme, comme on le verra
en 16. Qu'en fait il soit ou non l'ichneumon, il est bien certain
que cet office convient sans réserve à l'ichneumon, grand des-
tructeur de vermine et gardien légendaire d'un remède végétal
(A. V. VIII. 7. 23), et qu'en conséquence l'identification portée
au commentaire est des plus plausibles. Quant à la construction
grammaticale, il y a deux façons de la concevoir. Ou l'on isolera
le pâda *a* : « l'ichneumon est tout petit », ou « voici le tout petit
ichneumon » ; après quoi, le conjurateur passe à une autre idée,
et cette introduction parenthétique de l'animal n'est qu'une pré-
paration au rôle prédominant qu'on lui fera jouer dans la stance 16
et la conclusion du morceau. Ou bien — ce que je préférerais
de beaucoup — l'ichneumon est le sujet de la phrase, et c'est lui
qui parle, puisque le verbe est à la première personne : au pied
de la lettre, la « pierre » dont il fend la bête nuisible, c'est sa
dent aiguë ; mais, métaphoriquement, c'est le dard du Dieu solaire ou la foudre d'Indra (*áçman*) dont il apparaît ici comme
l'allié ou le substitut[1]. — *c d.* Et par conséquent, tuant la vermine [et fournissant le remède], il est censé aussi emporter ou
chasser le venin.

16. — Les conjurations du goût de celle-ci se terminent en
général par une formule qu'on s'efforce de rendre aussi affirma-
tive et péremptoire que possible, dût le mètre final en souffrir
(*d*) : « le venin est parti… le serpent est mort… l'homme est
guéri… », ici « le venin a perdu sa sève ». Mais la particularité
de notre clausule, c'est qu'elle est mise dans la bouche du ku-
sumbhaka lui-même, comme ailleurs dans celle du paidva, c'est-à-
dire du cheval de Pêdu, grand tueur de serpents[2] ; et je ne
pense pas, dès lors, qu'il puisse encore planer le moindre doute
sur le caractère bienfaisant et tutélaire du kuṣumbhaka. Je vais
plus loin, — je sais que bien peu me suivront, mais il me paraît de loyauté élémentaire de dire toute ma pensée : — de même
que Paidva, le cheval blanc « qui sort de l'onde », représente incontestablement le soleil levant, de même ici je crois voir dans
« l'ichneumon qui revient de la montagne » l'image du soleil qui
descend le long des pentes du ciel[3]. Et ainsi la pièce se termine
triomphalement sur le rappel du thème A, qui est le motif essentiel et dominant de toute cette singulière poésie.

[1] Ne pas oublier que ce petit reptile a, dans la mythologie védique, des
attaches solaires très accusées, dénoncées dans la légende postérieure par la
filiation de Nakula, frère jumeau de Sahadéva, issu des Açvins, et l'un des cinq
Pâṇḍavas.
[2] A. V. X. 4. 4 ; cf. Henry, *A. V.*, X-XII, p. 12 et 56 sq.
[3] Cf. supra 8-9 (*párvatebhias*) et le refrain de 10-13.

A titre de conclusion et de commentaire résumé, je donne ici la tradúction suivie du morceau tout entier.

1. Un peigne!... mais non, ce n'est pas un peigne... Et un centuple... ce n'est pas un peigne non plus... « Ils sont deux », dis-je, « deux vermines », dis-je. Les invisibles ont disparu. — 2. Celle qui vient tue les invisibles, et elle les tue en s'en allant, et elle les tue en les faisant rouler en bas, et elle les broie, la broyeuse. — 3. Le çara, le kuçara, le darbha, l'orge, le riz, le muñja et le virina ont raison des invisibles : tous tant qu'ils sont, ils ont disparu. — 4. Les vaches ont regagné l'étable, les fauves se sont gîtés, les lumières des hommes se sont éteintes, les invisibles ont disparu. — 5. Mais les voici : on les a vus rôder, à la brune, comme des voleurs; ô invisibles qui voyez tout, on vous a vus et vous êtes découverts. — 6. O plantes, le Ciel est votre père, la Terre votre mère, Sôma votre frère, Aditi votre sœur. O invisibles qui voyez tout, on vous a vus : tenez-vous cois; chut ! — 7. Fixés à demeure sur le tronc ou sur les membres, dardant un fin aiguillon ou un peigne menaçant, ô invisibles, tous tant que vous êtes ici, tous tant que vous êtes, soyez anéantis ! — 8. Le soleil se lève à l'orient : vu de tous, il voit tout, il tue les invisibles, oui, il broie tous les invisibles et toutes les sorcières. — 9. Il a pris son essor, ce soleil sublime, lui qui sait détruire les venins en masse, lui l'Âditya qui du haut des montagnes, vu de tous, voit tout et tue les invisibles. — 10. Ce venin, je l'attache aux flancs du soleil, comme une outre aux murs du liquoriste. Et il n'en mourra pas ; et nous serons sauvés. Le Dieu aux chevaux bais a chassé le char du venin. La douce plante, ô venin, t'a changé en douceur. — 11. Le tout petit oisillon, c'est lui qui a dévoré ton venin. Et il n'en mourra pas; et nous serons sauvés... — 12. Trois fois sept oisillons de feu ont dévoré l'essence du venin. Et ils n'en mourront pas; et nous serons sauvés..... — 13. Les nonante-neuf femelles qui détruisent le venin, j'ai invoqué leur nom à toutes. Le Dieu aux chevaux bais a chassé le char du venin. La douce plante, ô venin, t'a changé en douceur. — 14. Trois fois sept femelles de paon, sept vierges sœurs ont emporté ton venin, comme l'eau que puisent des porteuses d'urnes. — 15. « Moi, le petit ichneumon, je fends avec la pierre cette vermine, et le venin l'a quittée, s'en allant aux contrées lointaines. » — 16. C'est l'ichneumon qui l'a dit en revenant de la montagne : « Le venin du scorpion est impuissant; impuissant, ô scorpion, est ton venin. »

6. *çúna ấntrấṇi pece.*

Dans son ensemble, la stance où se lisent cès mots (R. V. IV.
18. 13) peut se traduire à peu près ainsi : «Dans ma détresse je
cuisis les entrailles du chien, je ne trouvai pas un Dieu qui prît
pitié de moi; je vis mon épouse tombée en défaillance, et alors
le faucon m'apporta la liqueur.»

Cette stance sert de clausule à un hymne attribué à Vâmadêva, qui célèbre, sous une forme assez crue bien que très obscure, la naissance et les premiers exploits d'Indra. Selon Sâyaṇa,
elle se rapporte à une fâcheuse aventure arrivée à Vâmadêva,
tandis que M. Pischel préfère l'entendre d'Indra lui-même. De
cette dernière interprétation je ne dirai rien ici : l'analyse de
M. Pischel est aussi ingénieuse que profonde quant au reste de
l'hymne; mais, sur ce point particulier, il me paraît n'avoir dé-
montré que l'impossibilité absolue d'appliquer à Indra, soit la
cuisson des entrailles du chien, soit même la donnée moins in-
solite de «l'épouse abaissée»[1].

C'est ce dernier mot seulement qui peut laisser prise à quelque
doute de traduction : le sens de *ámahīyamāna* est tout simplement
«non loué, non exalté», soit donc «sans gloire» ou «sans joie»;
mais la comparaison avec *ávartiã* «par détresse» doit suffire à
faire entrevoir dans cette expression exceptionnelle un euphé-
misme qu'on traduirait assez exactement en français, à la vulgarité près, par «qui n'en menait pas large». Si même l'on s'en
fiait à une valeur étymologique malheureusement quelque peu
lointaine, il serait fort séduisant de rapprocher *ámahīyamāna* de
l'allemand *ohnmächtig*, et l'on dépasserait ainsi les sens un peu
ternes et vagues «erniedrigt» (Pischel) ou «freudeulos» (P. W.),
pour sauter d'un bond à l'idée de «défaillance» que je viens de
hasarder dans ma propre traduction.

Quoi qu'il en soit, écartons pour l'instant les éléments indécis
et par présomption adventices, qui ne s'expliquent pas d'eux-
mêmes et ne sauraient rien nous apprendre. Il y a dans le mythe
deux traits caractéristiques : le premier et le dernier. Si nous ne
possédions que le premier et le dernier vers de la stance, mis
bout à bout, peut-être ne serions-nous point trop empêchés de
savoir qu'en faire. Sachant désormais avec certitude, grâce à
M. Bloomfield[2], que l'aigle qui apporte la liqueur est l'éclair qui
précipite les eaux de la nue, nous soupçonnerions dans la cuisson
un préliminaire indispensable à la chute de la pluie, et alors

---

[1] *Ved. Stud.*, II, p. 51.
[2] *Contrib.*, V = *J. of the Am. Or. Scc.*, XVI, p. 1 sq.

nous ne pourrions manquer de nous souvenir de la stance R. V.
I. 164. 43 = A. V. IX. 10. 25, où sont décrites en ces termes les
approches de l'orage : « J'ai vu se répandre entre ciel et terre une
épaisse fumée : ce sont les héros (les Maruts?) qui ont fait cuire
le taureau tacheté... [1]. » Le tacheté, on le sait, c'est toujours le
nuage, et la fumée que dégage sa cuisson, c'est la nuée noire
d'où tout à l'heure jailliront le feu et l'eau du ciel. L'allégorie
est transparente, et nos deux devinettes rentrent parfaitement
l'une dans l'autre en se complétant réciproquement. Mais il y a
quelque chose de plus dans celle qui nous occupe en ce moment :
il y a des circonstances accessoires et, si je ne me trompe, sur-
ajoutées, qui me paraissent des mieux propres à illustrer la ma-
nière dont je conçois le développement, la transformation en
récit, d'une énigme naturaliste et primitive. Il va sans dire que
les intermédiaires que j'imagine pourraient être multipliés.

1er stade : la devinette toute nue. — « On cuit le chien ; la
fumée monte ; puis descend un grand oiseau qui apporte de la
liqueur : qu'est-ce que c'est? »

On conviendra qu'un pareil jeu d'esprit n'est hors de la portée
d'aucune intelligence. Cependant, pourquoi la fumée est-elle
censée procéder d'une cuisson? parce que, dans la vie sauvage
ou la vie rustique, on n'active guère le feu que pour cuire les
aliments. Et pourquoi est-ce un chien que l'on cuit, plutôt que
tout autre animal, ou même des légumes? Le choix est-il tout à
fait arbitraire? Il ne semble pas : le chien hurle et le nuage
tonne; voilà le trait d'union entre les deux idées. Dira-t-on que
lorsqu'on fait cuire le chien il ne hurle plus? A la bonne heure ;
mais, lorsque le bœuf est au feu, il a également cessé de mugir ;
et pourtant il est bien certain que c'est à raison de ses mugisse-
ments que le nuage a été surnommé « taureau ». La vérité est que
deux concepts différents se sont rencontrés et ont joué ensemble :
le nuage qui monte est fumée; le nuage qui gronde est chien ou
taureau; cela posé, il a paru piquant de dire que la fumée venait
de la cuisson du taureau ou du chien. La seule objection que je
prévoie, c'est que, si dans le Véda les nuées sont souvent des
vaches, on ne les y trouve jamais déguisées sous la forme de
chiennes [2]; mais ce serait vraiment trop exiger d'un livre relativement aussi récent, que de vouloir qu'il nous eût conservé dans
leur nudité première tous les thèmes de folk-lore qui se sont
insinués dans sa trame multicolore.

2e stade : ébauche de récit. — « Un jour, un homme cuisit un

[1] Cf. Henry, *A. V.*, VIII-IX, p. 114 et 156.
[2] Et toutefois, qu'est-ce au juste que la chienne Saramā?

chien; alors il vint un aigle qui lui apporta à boire. » C'est le conte populaire, tel qu'on le recueille encore de la bouche de certains illettrés, dans toute son absurdité transcendante et brute.

3ᵉ stade : vague légende pieuse. — Mais cette absurdité ne satisfait pas tous les esprits. Tel réfléchit et se demande quel rapport il peut y avoir entre la cuisson du chien et l'arrivée de la liqueur. La magie est de toutes les époques : l'opération ne serait-elle pas un sortilège? Entre temps, un culte est né, dont les rites sont sanglants : la cuisson du chien ne serait-elle pas un sacrifice? Entre temps aussi, des idées religieuses se sont développées : les Maruts, simples génies des tempêtes, sont devenus les compagnons d'un Dieu vénérable, et eux-mêmes des sacrificateurs divins : s'ils cuisent le taureau, ce doit être en holocauste, comme l'implique la clausule de la stance qui les concerne [1]. Ainsi nous dit-on explicitement que « les Dieux offrirent le chien en sacrifice » [2]; et ainsi sommes-nous irrésistiblement amenés à penser que « la cuisson du chien » est un sacrifice offert par un suppliant en détresse, comme l'implique d'ailleurs le développement ultérieur de la légende.

4ᵉ stade : récit complet et organisé. — L'imagination d'un ou plusieurs conteurs brode sur cette double donnée : un sacrifice et une prière exaucée. On enjolive et l'on dramatise la légende primitive : on donne une épouse au suppliant, on feint que les Dieux ont tardé à répondre à son appel, et le tout enfin aboutit à un conte d'une parfaite cohésion, tel qu'il semble permis de le restituer dans les grandes lignes d'après le canevas que nous fournit notre stance. « Un homme nommé Vâmadêva et son épouse étaient perdus dans le désert et en danger de mourir de soif. Il invoqua les Dieux; mais il n'avait rien à leur sacrifier. Dans cette détresse, sa foi et sa piété l'inspirèrent : il prit le chien qui l'accompagnait, et, l'ayant tué, il en fit cuire les entrailles en holocauste. Tandis que la fumée montait, il interrogeait le ciel; mais le ciel demeurait sourd à sa prière. Déjà le malheureux se désespérait; déjà son épouse défaillait sur le sol... Tout à coup, un aigle fendit la nue et leur apporta la douce liqueur qui les ranima. »

Il serait évidemment intéressant et probant de retrouver ce récit, sous une forme quelconque, dans la littérature postérieure; mais à tous risques j'avouerai que j'en suis à peu près aussi sûr que si je l'y avais lu [3].

---

[1] « Telles furent les lois premières » R. V. I. 164. 43 *d*.

[2] A. V. VII. 5. 5 ; cf. Henry, *A. V.*, VII, p. 5o.

[3] La meilleure preuve, en somme, que Vâmadéva ne cuit pas le chien pour

7. *sómo ná* (R. V. V. 36. 2).

La comparaison, au premier abord, semble assez incohérente : « O héros aux chevaux bais, puisse le sôma monter jusqu'à tes mâchoires et à la jointure de ton casque[1] comme sur le flanc d'une montagne! » Mais on a déjà fait observer ici[2] que l'incohérence du Véda ne dépend en grande partie que de la façon dont nous le traduisons.

Ainsi que l'a fait observer Bergaigne[3], la place de *ná* indique que *sómo* appartient à la fois à la proposition principale et à la comparaison : « puisse Sôma monter.... comme il gravit la montagne! » Si dès lors on tient compte des rapports fréquents établis par la versification védique entre le sôma et la montagne, — soit parce que le sôma céleste découle de la montagne du ciel (le nuage), soit à raison de l'origine montagneuse de la plante à sôma elle-même, — on entrevoit d'une idée à l'autre un rapport admissible, quoique encore extrêmement factice. On le complétera en se souvenant de l'identification de Sôma et de la lune : *sómo*, en tant que terme de comparaison fait double sens, « ..... comme la lune émerge sur le sommet de la montagne ». On voit les rayons d'or en illuminer le faîte, comme la jaune liqueur inonde le visage d'Indra : tableau pittoresque, comparaison juste et peu banale, dont le piquant, pour le poète védique, se double d'un jeu de mots implicite.

8. *çípre*[4].

Le sens de « mâchoires (*hanŭ*), joues, lèvres » pour *çípre* duel, indiqué par les commentaires indigènes, est, comme on le verra dans un instant, partout inutile, et quelquefois même gênant. L'origine de cette interprétation doit sans doute être cherchée dans le fait que la mention des *çípre* d'Indra accompagne souvent celle de ses orgies de sôma : mais cette association de termes s'explique aisément dans un tout autre ordre d'idées.

Pour *çíprās* pluriel, le sens de « coiffure » (*uṣṇīṣamayyaḥ*) ou mieux « armure de tête » s'impose absolument : R. V. V. 54. 11.;

le manger, c'est qu'ensuite on lui apporte à boire : il meurt donc de soif, et non de faim.

[1] Voir plus bas l'article *çípre*.
[2] *Vedica*, 1ʳᵉ série, p. 10 = *Mém. Soc. Ling.*, IX, p. 106.
[3] *Syntaxe des comparaisons védiques* = *Mél. Renier*, p. 79.
[4] Cette note n'est guère que le développement et peut-être la confirmation étymologique d'une suggestion de Bergaigne (*Mém. Soc. Ling.*, VIII, p. 25, n. 13 = *Quarante Hymnes*, *ibid.*). Je la publie néanmoins parce qu'elle a été conçue et rédigée indépendamment de la sienne.

VIII. 7. 25. Il est d'ailleurs traditionnel, et probablement étymologique ; car, en mettant à part κεφαλή et *kapála*, dont on ne sait trop que penser en dehors de ce qu'en a dit M. Meillet (*Mém. Soc. Ling.*, VIII, p. 281), on voit que *çíp-rā* et *cap-ut* paraissent coïncider rigoureusement, soit pour le vocalisme, soit pour le consonantisme de la racine[1]. On doit donc présumer que la *çíprā* est une pièce d'armure de tête. Le casque peut se composer de deux pièces qu'on rabat l'une sur l'autre par devant les lèvres : ce sont les *çípre*. Ou bien il en comprend plusieurs, qui s'ajustent et s'emboîtent les unes dans les autres au sommet de la tête (*çīrṣásu, çīrṣán*), et ce sont les *çíprās*. Mais, quel qu'en soit le nombre, le mot ne signifie jamais que « casque », ce qu'un court examen permettra de démontrer.

A commencer par les dérivés, l'ἅπαξ *çípravān*, dont la forme supposerait un **çípra* neutre, — observer que le duel *çípre* s'en accommoderait également, — et le très fréquent *çiprín*, presque toujours épithète d'Indra, donnent un sens excellent si on les traduit par « armé d'un casque ». Au contraire, si l'on part de *çípre hanū nāsike vā* (Sây.), on n'aboutira jamais qu'à « pourvu de lèvres » ou « de nez », et l'on conviendra que cela est un peu terne. C'est en forçant et relevant artificiellement l'expression que le commentaire obtient *çobhanahanūyuktaḥ* « ayant de belles mâchoires » ou « de belles joues » ; et, même en y souscrivant, on peut à bon droit se demander si ces joues « brillantes » (*çobhana-*) ne sont pas précisément les lames de métal qui couvrent le visage du Dieu.

A plus forte raison, en dira-t-on autant de l'ἅπαξ *çiprínīvān*. Car de ce dérivé quaternaire on ne saurait tirer le sens de « joufflu ». Quoi que signifie *çiprín*, « ayant des joues », ou « composé de pièces de casque », il est clair que son féminin employé substantivement **çiprínī* ne peut avoir une autre signification que celle de « casque » : d'où, *çiprínīvān* « casqué ». Et cette interprétation sûre confirme, s'il en est besoin, l'idée que nous nous faisons de la valeur de *çiprín* tout court.

Passons aux composés : *áyah-çipra* et *híranya-çipra* signifient respectivement « au casque d'airain » ou « d'or », et les lèvres en métal sont, je pense, hors de question[2] ; *hiri-çiprá* ne diffère

---

[1] Il est remarquable que, sous *suçiprá* R. V. II. 12. 6, Sây. glose *suçūrṣako vā*.

[2] Qu'on n'objecte pas *áyo-hanu* « à la mâchoire de fer » ; car le pendant **híranya-hanu* n'existe pas ; en d'autres termes, la nature métallique, en tant qu'elle s'applique aux *çíprās*, doit être prise à la lettre, tandis qu'elle est purement métaphorique dans *áyohanu* comme dans *áyodaṃṣṭra*. On remarquera, au surplus, que ces deux épithètes appartiennent spécifiquement à Agni, le formidable dévorant, alors qu'*áyah-çíprās* se dit des Ṛbhavas, qui n'ont jamais passé pour « mordre » qui que ce fût.

point de celui-ci pour le sens, et à peine pour la forme; *suçiprá*, « au beau casque », fournit certainement un sens plus topique qu'avec l'acception de « lèvres », et *dáça-çipra* (nom propre) semble l'exclure sans restriction possible; enfin, *vṛṣa-çiprá*, épithète du Dâsa, ne signifie point « au mufle de taureau », mais « qui porte un casque en forme de mufle de taureau », genre de décoration animale trop commune partout, et particulièrement dans les peuplades barbares et demi-sauvages, pour provoquer la moindre surprise. Restent *viçipriya* « sans anses » (épithète d'un vase à sôma) et *viçiçiprá* (nom propre d'un démon), termes trop peu clairs pour décider soit dans un sens soit dans l'autre.

Nous passons enfin aux emplois du mot *çíprā* isolé, au duel seulement, puisque le sens du pluriel n'est pas contesté.

1° R. V. I. 101. 10 : « Viens t'enivrer avec tes chevaux bais, ô Indra, [et à cet effet] *ví ṣyasva çípre* », non pas « dénoue tes lèvres », mais « dénoue les deux pièces de ton armure de tête, ouvre ou défais ton casque », comme Don Quichotte pour boire le baume de Fierabras, ou le macabre Fritz du Souper des Armures (Th. Gauthier).

2° R. V. III. 32. 1 : « O Indra, viens boire le sôma que voici, le pressurage de midi que tu aimes : (*praprúthya çípre*) écartant d'un souffle puissant les deux pièces de ton casque, enivre-toi... » Même idée : nul n'a besoin de souffler pour ouvrir les lèvres; elles s'ouvrent bien toutes seules; mais écarter les lames du casque en soufflant dessus, c'est un tour de force bien digne de l'haleine d'un Dieu.

3° R. V. V. 36. 2 : traduit sous l'article précédent. Avec le sens de « lèvres » *çípre* ne serait qu'une redondance fort plate.

4° R. V. VIII. 76. 10 : « En te dressant dans ta force, ô Indra, en buvant le sôma pressuré dans la cuve, tu as fait trembler les bajoues de ton casque » (*çípre avepayaḥ*). S'il n'avait fait trembler que ses propres mâchoires, il n'y aurait rien là d'étonnant ni d'exceptionnel, et le tableau serait plutôt grotesque.

5° R. V. X. 96. 9 : « Lui dont les cavales d'or ont pris leur essor comme deux torrents, lui dont le casque d'or se rue en avant, pour [conquérir] le butin... » Le sens de la seconde épithète *hariṇí* est précisé par le parallélisme de *hariṇí* désignant les deux chevaux bais, et précise par là même celui de *çípre*, qui d'ailleurs, dans une phrase de ce genre, ne peut s'entendre ni des lèvres, ni des narines, ni des mâchoires.

6° R. V. X. 105. 5 : « Lui qui monte les deux chevelus... (*vanóti çíprābhyāṃ çipríṇivān*) le casqué qui conquiert au moyen de

son casque» ou «le conquérant casqué d'un casque», avec un
pléonasme dont les Védas offrent maint exemple. Le sens de
çipríṇïvān une fois fixé comme on l'a vu plus haut, celui du cor-
rélatif *çiprābhyām* s'impose; et, même en le faisant dépendre de
vanóti, on doit convenir que «conquérir avec un casque» est une
expression autrement claire que «désirer avec les lèvres».

En résumé, pas un cas qui ne s'ajuste au sens de «casque»,
et plusieurs qui répugnent à celui de «lèvres». Qu'on y joigne
l'étymologie probable : la démonstration paraît suffisante [1].

9. *jaganvān* (R. V. X, 10, 1).

Bien que M. Geldner n'attache point à la rigoureuse concor-
dance des formes grammaticales en védique la même importance
que moi, il a bien vu [2] que ce masculin ne peut tenir lieu d'un
féminin, ni par conséquent s'appliquer à Yamî. Il l'applique
donc à Yama, et avec grande raison; car c'est Yama qui «fran-
chit les vastes pentes» (R. V. X. 14. 1). Seulement il traduit le
participe en verbe fini et l'incise comme une proposition principale. Ce n'est pas ainsi que j'avais envisagé la question, il y a
longtemps, lorsque la même idée m'était venue sans que je la
publiasse. Les cas sont assez nombreux dans le Véda où il y a
lieu d'admettre l'enjambement d'un pâda pair sur le pâda im-
pair suivant, et nous en avons ici un exemple, soit donc :
«Puissé-je me concilier l'amitié de mon ami! Franchissant maint
océan [pour me rejoindre], ‖ daigne le sage divin procurer un
petit-fils à son père et songer à se perpétuer sur la terre!»

---

[1] A ce sujet, mon obligeant confrère M. Meillet veut bien m'écrire : «L'étymologie de véd. *çíprā* dont vous me parliez me plaît beaucoup. Quant à *kapâla*,
«caput, j'avais des doutes sur ce rapprochement depuis longtemps : 1° parce que
je ne crois pas à sk. *k* en face de lat. *c* (et non *qu*) hors de certaines conditions
définies; 2° parce que les exemples de la voyelle i.-e. *a* en sk. sont infiniment
rares ailleurs qu'au commencement des mots; 3° parce que, pour le sens, lat.
caput et ags. *hēafod* répondent à sk. *çíras*, et indiquent uniquement l'idée de
«tête, partie supérieure», non celle d'«écuelle» qui est primitive dans *kapâla*,
ni même celle de «crâne» ......»

[2] *Gurupûjâkaumudî*, p. 19 sq.